初級!!
小学生の数独

4・5・6年

ニコリ　編

はじめに

この本で、思いきり遊んでください。

ペンシルパズルは、アタマの格闘技です。

あなたの武器は、「推理する力」、「集中する力」、「ガマンする力」、

それとリラックス。

いつでも、どこでも、闘ったり、休んだり、OKです。

いつのまにか、その連続が、あなたの自信になっていきます。

パズルを通じて、あなたが大きくなりますように。

解けるとうれしいぞ。よし、次の一問だ。

ニコリ代表
カジマキ

数独の解きかた

数独は、空いているマスに数字を入れていくパズルです。

問題

1		2	3
3	2		
		4	1
4	1		2

こたえ

1	4	2	3
3	2	1	4
2	3	4	1
4	1	3	2

空いているマスが全部うまるとできあがりです。
どうやってうめたらいいか、次のページから説明しましょう。

もくじ

- 数独の解きかた……3
- 4×4の数独……9
- 9×9の数独……31

おまけパズル

- ナンバーリンク……81
- 四角に切れ……103

- こたえ……125

＊本書には数独だけでなく、おまけパズルとして「ナンバーリンク」「四角に切れ」というパズルも掲載しているので挑戦してみてください。これらのおまけパズルは小社刊「あつまれ!! 小学生の数独」掲載の「数字をつなごう」「四角に切ろう」とそれぞれ同じパズルです。

3

4×4マスの数独のルール

数字の入っていないマスに、１から４までのどれかを入れましょう。

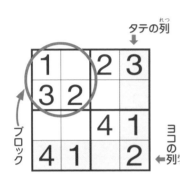

タテの列

1		2	3
3	2		
		4	1
4	1		2

ブロック

ヨコの列

①どのタテの列にも、１から４までの数字が１つずつ入ります。
（列は４列あります）

②どのヨコの列にも、１から４までの数字が１つずつ入ります。
（列は４列あります）

③太い線で囲まれた４マスのブロックの中にも、１から４までの数字が１つずつ入ります。
（ブロックは４個あります）

1	4	2	3
3	2	1	4
2	3	4	1
4	1	3	2

左のように、どのタテの列、ヨコの列、ブロックの中にも、同じ数がダブらずに４つ入れば完成です。

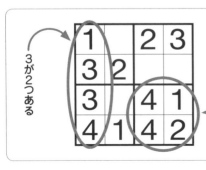

1		2	3
3	2		
3		4	1
4	1	4	2

3が2つある

4が2つある

×同じ数字が入るのはまちがい。

◆4×4マスの数独を解いてみよう◆

1		2	3
3	2		
		4	1
4	1		2

数字がたくさん入っているブロックを探そう。
左上のブロックは１、２、３が入っているので、まだ入っていない４が入る。
右下のブロックは１、２、４が入っているので、まだ入っていない３が入る。

1		2	3
3	2		
		4	1
4	1		2

数字がたくさん入っている列も、考えやすいよ。
いちばん左のタテ列は、１、３、４が入っているので、まだ入っていない２が入る。
いちばん下のヨコ列は、１、２、４が入っているので、まだ入っていない３が入る。

1		2	3
3	2		
		4	1
4	1		2

この数字はどこに入るかな、という考えかたもあるよ。
１は右上のブロックでどこに入るかな？

1		2	3
3	2	★	
		4	①
4	1		2

いちばん右のタテ列に１があることに気をつけよう。
同じ列に同じ数字は入らないので、★のマスに１が入る。

こうやって、入りやすいところを見つけて解いていこう。

→4×4マスの数独は10ページからはじまります。

5

9×9マスの数独のルール

数字の入っていないマスに、１から９までのどれかを入れましょう。

↓タテの列

6	8	9	5	2	7	4	3	
	1		4				2	
	3	2	1					7
5	9		2	7	8	6	1	3
			3		9			
3	2	7	6	4	1		8	5
8					4	1	5	
	5				2		4	
	4	1	8	3	5	7	6	9

ブロック

←ヨコの列

①どのタテの列にも、１から９までの数字が１つずつ入ります。（列は９列あります）

②どのヨコの列にも、１から９までの数字が１つずつ入ります。（列は９列あります）

③太い線で囲まれた９マスのブロックの中にも、１から９までの数字が１つずつ入ります。（ブロックは９個あります）

6	8	9	5	2	7	4	3	1
7	1	5	4	9	3	8	2	6
4	3	2	1	8	6	5	9	7
5	9	4	2	7	8	6	1	3
1	6	8	3	5	9	2	7	4
3	2	7	6	4	1	9	8	5
8	7	3	9	6	4	1	5	2
9	5	6	7	1	2	3	4	8
2	4	1	8	3	5	7	6	9

使う数字がふえますが、考えかたは同じ。
左のように、どのタテの列、ヨコの列、ブロックの中にも、同じ数がダブらずに９つ入れば完成です。

◆9×9マスの数独を解いてみよう◆

数字がたくさん入っているブロックを探そう。
中央のブロックは8個数字が入っていて、空いているマスは1つだけ。まだ入っていない数字を調べると、5が入る。

6	8	9	5	2	7	4	3	
	1		4				2	
	3	2	1					7
5	9		2	7	8	6	1	3
			3		9			
3	2	7	6	4	1		8	5
8					4	1	5	
	5				2		4	
	4	1	8	3	5	7	6	9

→ 5が入る

数字がたくさん入っている列も、考えやすいよ。
いちばん上のヨコ列は空いているマスが1つだけ。まだ入っていない数字を調べると、1が入る。
いちばん下のヨコ列も空いているマスが1つだけ。まだ入っていない数字を調べると、2が入る。

6	8	9	5	2	7	4	3	
	1		4				2	
	3	2	1					7
5	9		2	7	8	6	1	3
			3		9			
3	2	7	6	4	1		8	5
8					4	1	5	
	5				2		4	
	4	1	8	3	5	7	6	9

1が入る

2が入る

6	8	9	5	2	7	4	3	
	1		4				2	
	3	2	1					7
5	9		2	7	8	6	1	3
			3		9			
3	2	7	6	4	1		8	5
8					4	1	5	
	5				2		4	
	4	1	8	3	5	7	6	9

9×9の数独では「この数字はブロックの中でどこに入るかな」という考えかたを多く使う。
5は左上のブロックでどこに入るかな？

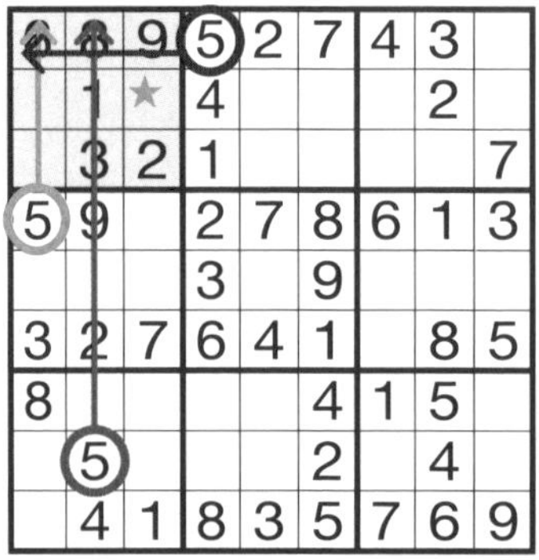

タテやヨコの列にもう入っている5に気をつけよう。
同じ列に同じ数字は入らないので、★のマスに5が入る。

もう5が入っている列に5を入れてはダメ!

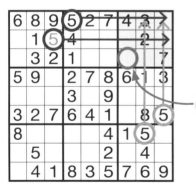

ここ!

★に5が入ると、右上のブロックでも5の入るところが決まるよ。

こうやって、入りやすいところから解いていこう。

→9×9マスの数独は32ページからはじまります。

数独(すうどく)
SUDOKU

4×4

はじめのほうはヒントがついています。
わからないときは読(よ)んでみてね。

＊解いた日にちを書こう。　＊いまの天気に○をしよう。

月　　日

解けたら、色をぬろう

1

	1		3
3	2	1	4
1	4	3	2
2		4	

使うすうじ　1・2・3・4

4つあるブロックには1つずつ空いたマスがあります。それぞれ何が入っていないかを調べよう。

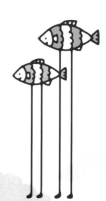

解けたら、色をぬろう

月　日 ☀ ☁ ☂ ⛄

2

1	2		4
	4	2	
4	3	1	2
	1		3

使うすうじ 1・2・3・4

いちばん上の列には1と2と4が入っています。
まだ入っていない数字を空いたマスに入れよう。

月　日　☀☁☂⛄

解けたら、色をぬろう

③

	2	1	
	3	4	2
2	1	3	
	4	2	

使うすうじ **1・2・3・4**

左下のブロックや右上のブロックがわかりやす
い。ヨコの列の中にも、空いたマスが1つしか
ない列があるよ。

12

月　　日　☀ ☁ ☂ ⛄

4

3			1
	1	3	2
	4	2	
2	3		4

使うすうじ **1・2・3・4**

タテやヨコにたどったとき、同じ列に同じ数字を入れてはいけないよ。左上のブロックで2が入るのはどっちかな？

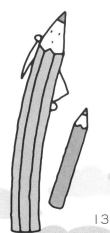

13

月　　日

解けたら、色をぬろう

5

	1	3	
4		1	
3	2		1
		2	3

使うすうじ　1・2・3・4

左下のブロックで、１と４が入っていない。どういう順番で入れたらうまくいくかな？

月　日　☀☁☔⛄

6

1		2	4
			1
4			3
3	1	4	

使うすうじ　1・2・3・4

もう3個うまった列がいくつかあるので、その
列を探すと解きやすいよ。

月　　日

解けたら、色をぬろう

7

3			2
	4	3	
1			4
	2	1	

使うすうじ　1・2・3・4

タテやヨコの同じ列に、同じ数字を入れてはいけないよ。左下のブロックで4が入るマスはどっちかな？

がつ　にち
月　　日

8

	3	1	
1	2		
		4	3
	4	2	

つか
使うすうじ　1・2・3・4

ここからはヒントはありません。自分で、がんばって解いてみよう!

17

月　日

解けたら、色をぬろう

9

3	1	2	
		1	
	4		
	3	4	2

使うすうじ　1・2・3・4

月　日

解けたら、色をぬろう

10

	1	2	
	3	4	
1	2	3	4

使うすうじ　1・2・3・4

月　　日

解けたら、色をぬろう

11

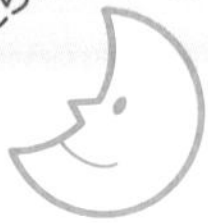

2		4	3
			2
1			
4	2		1

使うすうじ　1・2・3・4

1　3　2　4

月（がつ）　日（にち）

解（と）けたら、色（いろ）をぬろう

12

			2
	3	4	
	1		4
4		1	

使（つか）うすうじ　1・2・3・4

月　日　☀ ☁ ☂ ⛄

解けたら、色をぬろう

13

		1	
	1		2
1	3	2	
	4		

使うすうじ　1・2・3・4

月（がつ）　日（にち）

解（と）けたら、色（いろ）をぬろう

14

1			2
2			3
3			4

使（つか）うすうじ　1・2・3・4

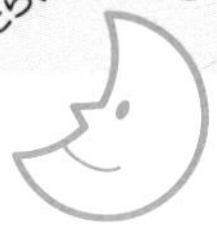

月　日

解けたら、色をぬろう

15

			2
		3	4
1	2		
3			

使うすうじ　1・2・3・4

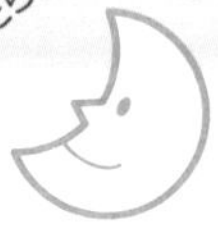

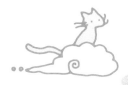

月　日

解けたら、色をぬろう

16

	2		
	4	1	
		3	4

使うすうじ　1・2・3・4

月　日

解けたら、色をぬろう

17

1			4
		2	
	4		
3			

使うすうじ　1・2・3・4

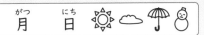

月　　日

解けたら、色をぬろう

18

		4	
	4		3
	1	2	

使うすうじ　1・2・3・4

月　日

解けたら、色をぬろう

19

3			
			1
1			
			4

使うすうじ　1・2・3・4

2 1 4 3

月　日

解けたら、色をぬろう

20

	2	3	
1			4

使うすうじ　1・2・3・4

月 日

解けたら、色をぬろう

21

	1		
		3	
	4		
		4	

使うすうじ 1・2・3・4

数独
すう どく

SUDOKU

マスの数がふえるけれど、考えかたはおなじ。
じっくり解いていこう。

月　日

解けたら、色をぬろう

22

	2	3		9		7	6	5
4	5	6	1	3	7		2	8
7	8	9	6	2		1		4
	4	1		6	9		7	
6	7	2	8		4	3	5	9
	9		3	7		4	1	
8		7		4	3	5	9	1
9	1		7	5	6	2	8	3
2	3	5		8		6	4	

使うすうじ　1・2・3・4・5・6・7・8・9

数字がたくさん入った列を見つけよう。左から２列目や右から２列目のタテの列に、まだ入っていない数字は何かな？

月　日

解けたら、色をぬろう

23

4	6	2	5	9	1			8
8	9	7	4			2	1	5
	3		8	7	2	4	6	9
	4			2				1
9	2	5	3		8	7	4	6
1				5			3	
7	8	6	1	3	9		2	
3	1	4			5	6	9	7
2			7	4	6	1	8	3

使うすうじ　1・2・3・4・5・6・7・8・9

いちばん左のタテの列にはもう1が入っているので、左上のブロックで1を入れるマスが決まるよ。

月　日　☀ ☁ ☂ ⛄

24

1	5	2		6		9	3	
4		3	2	1	9	7		5
8	7	9		4			2	6
	2			5	6		1	
3	1	5	4		8	6	9	7
	8		3	9			4	
7	9			3		2	5	1
5		6	1	8	2	4		9
	4	1		7		8	6	3

使うすうじ　**1・2・3・4・5・6・7・8・9**

左上や右下ブロックは空いたマスが1つしかない。このマスに数字を入れたあとにこのマスと同じ列を見ると数字が決まるよ。

月　日　☀ ☁ ☂ ⛄

解けたら、色をぬろう

25

4	5						1		3
1	2	3	4	5	6	7		9
6	7		8	3	1	2		5
3	4		7	1	5			
9	8		3		4		1	7
			6	9	8		5	4
8		7	1	4	2		3	6
2		4	5	6	7	8	9	1
5		1					7	2

使うすうじ　**1・2・3・4・5・6・7・8・9**

空いたマスの少ない列を見つけよう。9マスの
うち8マスうまっている列がいくつかあるよ。

26

	6	1	5		8	4	7	
5		8	4	2		3		9
9	2			3	7		1	8
1		7		4			9	6
	3	6	1	5	9	7	2	
2	4			8		1		5
6	8		3	7			5	1
4		3		6	5	2		7
	9	5	8		2	6	4	

使うすうじ **1・2・3・4・5・6・7・8・9**

左から1列目と3列目に1が入っているので、
左下のブロックで1が入るマスはわかりやすい。

解けたら、色をぬろう

月　日　☀️ ☁️ ☂️ ⛄

27

3	9	1	2			4	7	
4	6	5	1			9	8	
7			9		6	5	1	3
2			3		1	6	5	8
5			8		2			9
8	1	6	4		5			7
1	7	4	6		9			5
	2	3			4	7	9	1
	5	8			3	2	6	4

使うすうじ　1・2・3・4・5・6・7・8・9

空いたマスの少ない、左上・右上・左下・右下
のブロックがすぐ決まるよ。足りない数字を確
実に探そう。

37

月　日　☀　☁　☂　⛄

解けたら、色をぬろう

28

4	1				7	9	6	
5	2	3			9	8	4	7
	6	7	8		3		1	5
		9	4	2		5	3	1
		3	6	5				
2	3	5		7	1	4		
7	5		1		4	3	9	
8	9	1	7			6	5	4
	4	2	5				7	8

つか
使うすうじ **1・2・3・4・5・6・7・8・9**

ひだりうえ　みぎうえ　ひだりした　みぎした　ちゅうおう
左上・右上・左下・右下・中央のブロックでは
あ　　　　　　　　　　　　　　　　　　　　き
空いたマスが2つしかないので決まりやすい。

月　日

解けたら、色をぬろう

29

	7	4	2				9	
3	5	2		1	9	4		8
8	6		3	7		5	1	
2		8	4	5			6	
	1	6	7	2	8	9	3	
	3			6	1	8		4
	4	1		3	6		8	7
5		3	8	9		1	4	6
	8				2	3	5	

使うすうじ　1・2・3・4・5・6・7・8・9

最初にたくさん入っている３や８から考えるのも、解きやすい。

月　　日

解けたら、色をぬろう

30

9	4	5	1		8			7
	8			2	4	1	5	6
	1		7		3			9
4	7	9	8		1	6		5
	3						4	
1		6	5		9	3	7	8
8			3		5		1	
7	9	1	4	8			6	
2			6		7	8	9	4

使うすうじ　1・2・3・4・5・6・7・8・9

中央で2を入れようとしてもすぐには決まらない。すぐに決まらない数字はあとまわしにして、確実に決まるところから入れよう。

月　日

解けたら、色をぬろう

31

		5	1	3	2	9		
		9	8	7	6		4	
6	3	8	5					1
1	2	3	6				9	5
4	5			9			8	2
8	9				5	4	3	6
5					7	3	1	9
	6		3	5	1	8		
		1	9	2	8	6		

使うすうじ　1・2・3・4・5・6・7・8・9

ここからはヒントはありません。自分で、がんばって解いてみよう！

月　　日　☀ ☁ ☂ ⛄

解けたら、色をぬろう

32

1		7		4	2	6	3	9
2		9		3	6	5	7	8
6		8					4	1
			2		1		8	5
			3		7			
8	1		4		5			
5	9					4		3
4	8	2	9	1		7		6
3	7	1	6	5		8		2

使うすうじ　1・2・3・4・5・6・7・8・9

月　日

33

1		8		6		2		3
	5		1		4		9	
4		3	7		2	6		5
	6	2	3		7	1	8	
8				5				4
	1	4	2		8	5	3	
6		5	9		3	4		1
	2		4		5		6	
3		7		1		9		2

使うすうじ　1・2・3・4・5・6・7・8・9

解けたら、色をぬろう

34

1	7	3	4		6	9	5	
6				8				2
5		2		9		1		4
8			9	6				5
	2	6	5	4	1	3	8	
9				7	3			1
3		8		1		2		7
4				5				3
	1	9	7		8	5	4	6

つか
使うすうじ 1・2・3・4・5・6・7・8・9

4　　8　　　1　　5
　　　6　　　　7　　　3　　2　　9

44

解けたら、色をぬろう

月　日　☀ ☁ ☂ ⛄

35

			2	3	1			
	2	8		7		4	3	
	3		8	4	6		7	
7		4	6		5	2		3
3	5	2				8	1	6
8		9	1		3	7		5
	7		9	6	8		2	
	4	1		5		6	8	
			7	1	4			

使うすうじ **1・2・3・4・5・6・7・8・9**

月　　日　☀ ☁ ☂ ⛄

解けたら、色をぬろう

36

	9		4	2	3		7	
1		2				9		8
	7		8		1		5	
2		4		5		3		9
9	3	7				1	6	5
8		6		1		7		4
	6		7		5		1	
3		5				8		7
	8		9	3	2		4	

使うすうじ **1・2・3・4・5・6・7・8・9**

月　日

解けたら、色をぬろう

37

2			9				8	1
		9	2	1				4
	6	5	8	3	4			
9	2	1	5		8	7		
	4	7				5	9	
		3	6		7	1	4	2
			4	6	1	9	2	
4				5	2	8		
5	1				9			3

使うすうじ　1・2・3・4・5・6・7・8・9

月　　日　☀ ☁ ☂ ⛄

解けたら、色をぬろう

38

	1		3		7		6	
4		5		6		3		2
	8		2		5		4	
1		3	7		6	4		5
	9			3			7	
6		7	4		2	8		1
	6		1		4		2	
9		2		5		1		7
	3		8		9		5	

使うすうじ **1・2・3・4・5・6・7・8・9**

月　日

解けたら、色をぬろう

39

		4	5	3	2	7	6	
	2			6				9
	5				9	3		4
	7		6		3	1		8
4	8			5			7	6
1		2	7		4		3	
6		7	3				5	
9				4			1	
	4	5	1	7	6	8		

使うすうじ　1・2・3・4・5・6・7・8・9

がつ　月　にち　日　☀ ☁ ☂ ⛄

解けたら、色をぬろう

40

1		3		4		5		8
	8		5		3		2	
6		4		2		7		1
	7		1		4		5	
8		2		7		9		3
	9		2		8		6	
2		1		5		6		9
	4		3		1		7	
5		7		8		3		4

つか
使うすうじ　1・2・3・4・5・6・7・8・9

月（がつ）　日（にち）

解（と）けたら、色（いろ）をぬろう

41

1	2	3			6	8	5	4
4		6			5			7
7		9			8	1	3	6
8	1	5						
				4				
						6	9	8
5	4	2	7			3		9
3			6			2		5
6	9	8	3			4	7	1

使（つか）うすうじ　1・2・3・4・5・6・7・8・9

数独 9×9

| 月 | 日 | ☀ | ☁ | ☂ | ⛄ |

解けたら、色をぬろう

42

					2	4	6	9
	1	2						3
	6	3	4	7	5	8		2
		4	7		8	3		1
		8		4		6		
1		9	6		3	2		
7		5	1	3	6	9	4	
3						7	2	
8	4	6	2					

使うすうじ **1・2・3・4・5・6・7・8・9**

5　7　8　9　4　6　3　1　2

52

月　日

解けたら、色をぬろう

43

		2		6			4	
3		1		8				
		4	2	3	7	1	6	8
		8		2		4		
4	9	7	5		8	3	2	6
		6		9		7		
6	8	9	3	4	1	2		
				7		6		9
	2			5		8		

使うすうじ　1・2・3・4・5・6・7・8・9

月　日

解けたら、色をぬろう

44

5	3	1				9	8	7
			5		9			
6	9	7		8		4	5	2
			3		1			
9	1	2				7	4	3
			7		2			
4	6	3		1		2	9	5
			2		5			
2	7	5				8	3	1

使うすうじ　1・2・3・4・5・6・7・8・9

月　日

解けたら、色をぬろう

45

		3		7	9	1		
5		9			4			6
7		2		8		3		9
1	9			5		6		3
		5	7		8	2		
2		4		6			1	5
4		1		9		5		8
3			8			9		7
		7	2	3		4		

使うすうじ　1・2・3・4・5・6・7・8・9

月　　日　☀ ☁ ☂ ⛄

解けたら、色をぬろう

46

		8	1					5
	9		2	5			7	1
	6	5		9		3	2	4
		3	9				8	2
9								3
4	2				3	9		
8	1	2		6		4	5	
7	3			2	5		6	
5					7	2		

使うすうじ **1・2・3・4・5・6・7・8・9**

56

月　日

解けたら、色をぬろう

47

	7	8			5		6	
9		5		4		7		2
6	3				7		9	
				1	8	2		3
	8		7		4		1	
5		1	6	3				
	2		5				3	7
1		7		8		9		6
	6		2			1	4	

使うすうじ　1・2・3・4・5・6・7・8・9

月　日

解けたら、色をぬろう

48

4						8	3	
	8	1	6		3			2
	2	5	4		1			9
	1	4	5			2	9	
				7				
	3	7			2	5	1	
2			3		8	6	4	
6			9		5	1	7	
	5	3						8

使うすうじ　1・2・3・4・5・6・7・8・9

月　日

解けたら、色をぬろう

49

		7	2		4			6
	2	8			5	3		
4	3			1		5	9	
8			9				1	5
		5		6		9		
2	6				1			7
	5	4		2			6	3
		1	5			2	4	
6			3		9	7		

使うすうじ　1・2・3・4・5・6・7・8・9

月　日　☀ ☁ ☂ ⛄

解けたら、色をぬろう

50

3		7		4		9		5
	2			3			1	
4			1		5			7
		3		8		5		
1	7		9	5	6		3	2
		6		7		8		
9			2		4			8
	5			1			6	
6		2		9		1		3

使うすうじ　1・2・3・4・5・6・7・8・9

60

解けたら、色をぬろう

月　日　☀ ☁ ☂ ⛄

51

		6		2		4		
	1			8			7	
9		4	1		5	2		3
		9		1		5		
3	5		4		7		1	2
		2		3		8		
8		1	3		2	7		6
	2			5			4	
		5		6		1		

使うすうじ　1・2・3・4・5・6・7・8・9

61

月　日

解けたら、色をぬろう

52

1	5		2		7	9		8
3								
	9			1	3	4		7
7			3		1	6		2
		3				8		
8		6	7		5			4
4		8	1	2			6	
								9
2		9	5		8		4	1

使うすうじ　1・2・3・4・5・6・7・8・9

月　日

解けたら、色をぬろう

53

1		2	4					9
					8	2	5	
5		7	1		2		6	
9		5			3	8	2	
				6				
	1	6	2			9		3
	9		5		7	3		2
	5	4	8					
3					1	5		4

使うすうじ　1・2・3・4・5・6・7・8・9

解けたら、色をぬろう

54

			8				5	
	5	3	4		8	1	7	
9	1	6				2		
9	8	6			3			
7						9		
		1			3	7	6	
5				7	9	8		
7	1	8		3	4	5		
6				1				

つか
使うすうじ　1・2・3・4・5・6・7・8・9

64

解けたら、色をぬろう

月　日　☀ ☁ ☂ ⛄

55

	7	1	4	2	3	9	5	
	6			8			4	
	8			5			1	
	3	2	6	9	1	5	7	
	5			4			6	
	2			3			8	
	4	7	5	6	8	3	2	

使うすうじ **1・2・3・4・5・6・7・8・9**

65

解けたら、色をぬろう

56

7	1	2					5	6
				6	7	3		
	3	4	8					1
				7				4
5			3	1	4			9
1				2				
9					6	4	7	
		6	5	8				
3	2					6	1	8

使うすうじ　1・2・3・4・5・6・7・8・9

月　日

解けたら、色をぬろう

57

	6	4				9	7	
9		2		1	5			3
1			7				5	
	4			2		5		
		1		8		3		
		6		4			2	
	8				1			2
7			4	5		6		8
	2	9				4	1	

使うすうじ　1・2・3・4・5・6・7・8・9

月　　日

解けたら、色をぬろう

58

		9	6		5	4		
1				4				7
	2		7				9	
2		1		9		8		
	7		5		2		6	
		4		3		1		5
	6				4		1	
5				7				9
		7	1		8	5		

使うすうじ　1・2・3・4・5・6・7・8・9

月　日

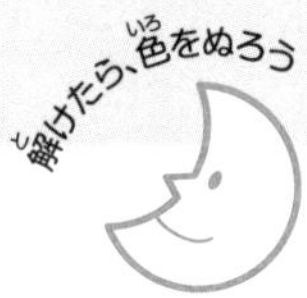

59

8	6							
1	4				3	2		
					1	7		
			3	5			8	2
5	1		7	8	2		3	4
2	3			9	4			
		9	6					
		2	5				6	1
							4	9

使うすうじ　1・2・3・4・5・6・7・8・9

月　日

解けたら、色をぬろう

60

		1	2				9	
	6	4				5		8
3	5				7		1	
1				9		8		
			3		5			
		7		8				9
	3		1				5	4
4		8				7	3	
	7				2	6		

使うすうじ　1・2・3・4・5・6・7・8・9

月（がつ）　日（にち）

解けたら、色をぬろう（とけたら、いろをぬろう）

61

	3		7				5	
2		5		3				9
		9			1	8	2	
	2							4
		4		9		6		
6							3	
	7	8	2			9		
3				6		7		1
	1				8		4	

使（つか）うすうじ　1・2・3・4・5・6・7・8・9

月　　日　☀ ☁ ☂ ⛄

解けたら、色をぬろう

62

					5	4	1	
	3	2			9			
5			8	4			3	
1							4	
		8	1		7	5		
	5							9
	1			7	4			6
		9				8	7	
	7	9	3					

使うすうじ **1・2・3・4・5・6・7・8・9**

月　日

解けたら、色をぬろう

63

					3	6		
5	9					1	7	
	4	8						
				5	1	9		4
3				9				5
2		9	6	7				
						8	3	
	6	1					9	2
		7	4					

使うすうじ　1・2・3・4・5・6・7・8・9

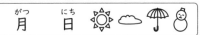

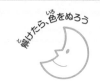

月　日

64

9			8			3		
		7		5				
	4				2			5
6			2		9	1		
	1						2	
		4	7		5			8
2			6				9	
				8		5		
		3			1			7

使うすうじ　1・2・3・4・5・6・7・8・9

月　日

解けたら、色をぬろう

65

	2			4		3		6
		5			1		8	
3						7		
	5			6				4
			3		7			
8				5			1	
		1						5
	4		6			8		
7		3		8			4	

使うすうじ　1・2・3・4・5・6・7・8・9

月　日

解けたら、色をぬろう

66

				6				1
					9	5	7	
4	8	2	5					
6	4			7				
3			4		5			9
				2			1	3
					1	3	8	4
	1	7	2					
5				9				

使うすうじ　1・2・3・4・5・6・7・8・9

67

		6	3			2	8	7
	1							9
5								6
				1	9			
	3		6		8		5	
			4	7				
2								3
7							2	
9	8	5			4	7		

使うすうじ　1・2・3・4・5・6・7・8・9

77

月　日　☀ ☁ ☂ ⛄

解けたら、色をぬろう

68

4						8		
				5			6	7
	2	1			8			
8					2		7	
5				3				2
	4		1					6
			5			2	1	
3	8			7				
		6						3

使うすうじ　1・2・3・4・5・6・7・8・9

78

月　日

解けたら、色をぬろう

69

		8	9				5	
3			1			7		
	4				2			6
		1						2
			5		6			
4						8		
5			8				6	
		6			1			8
	2				7	3		

使うすうじ　1・2・3・4・5・6・7・8・9

月　　日 ☀ ☁ ☂ ⛄

解けたら、色をぬろう

70

5					3		1	
	2			5		6		
		4						
6		3			1	2		
		4	8			5		7
					6			
	1		2				8	
	7		5					3

使うすうじ 1・2・3・4・5・6・7・8・9

ナンバーリンク

NUMBERLINK

おなじ数字を線でつなぐパズルです。
けしごむもたくさん使って解こう。

ナンバーリンクの解きかた

「ナンバーリンク」は、
おなじ２つの数字を、線でつなぐパズルです。

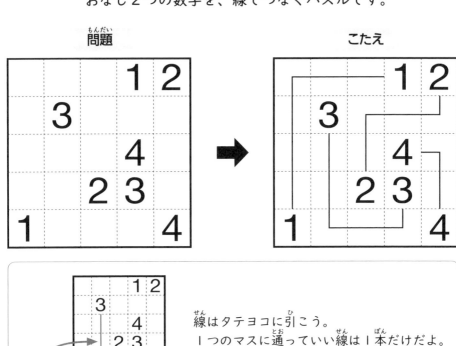

問題 → こたえ

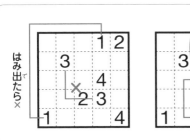

線はタテヨコに引こう。
１つのマスに通っていい線は１本だけだよ。

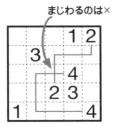

線がはみ出たり、ほかの数字
のあるマスを通ったりしたら
ダメ。
線がまじわるのもダメだよ。

数字がたくさんあるところや、はじっこから進めていこう。

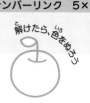

月　日

解けたら、色をぬろう

1

1				
		4	2	1
		3		4
	3	2		

月(がつ)　日(にち)

解(と)けたら、色(いろ)をぬろう

2

4		2		
2		4	1	
	3	1		
			3	

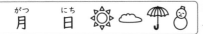

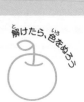

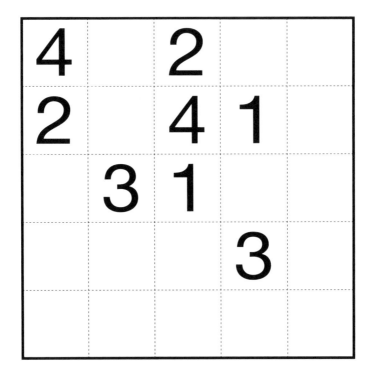

月　日

解けたら、色をぬろう

3

	1	2		
3	2			
1				3

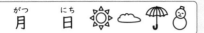

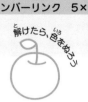

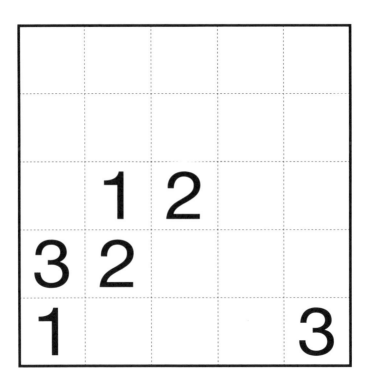

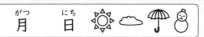

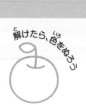

月(がつ)　日(にち)

解(と)けたら、色(いろ)をぬろう

4

2				
	1	3	4	
				2
		4		3
1				

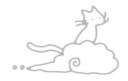

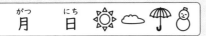

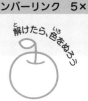

月　日

解けたら、色をぬろう

5

3				
2		1	2	
		3		
1				

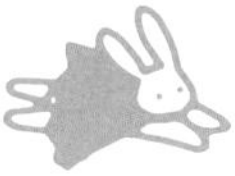

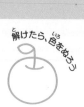

月　　日

解けたら、色をぬろう

6

6			3	2	1
		2			
				3	
	6		5	4	
5					
4				1	

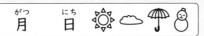

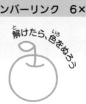

月　　日

解けたら、色をぬろう

7

	2	3		2	1
			1		5
	4				
		5			
3					4

月　日

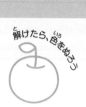

解けたら、色をぬろう

8

				1	2
	4	5			
		3	4		
		2	5		
1	3				

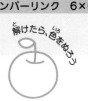

月(がつ)　日(にち)

解(と)けたら、色(いろ)をぬろう

9

				3	2
	4				
		1			5
				2	
3			5		
1					4

1　5　3　4　2

月　日

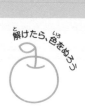

解けたら、色をぬろう

10

				3	4
				2	
	1	2			
			1		
4	3				

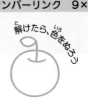

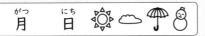

月　日

解けたら、色をぬろう

11

	1	2						2
	4	3					5	
					7		3	
				4				
		6				8		5
1	9						7	6
							8	
11		10					9	
10		11						

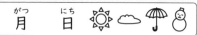

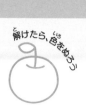

月　日

解けたら、色をぬろう

12

9						5	6	
							7	
5	4		3		9			
4			2					
3								
					8			
2							7	
1	6	8						
								1

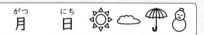

月　日

解けたら、色をぬろう
13

								1
	6					4	2	
1								
			9			6	4	
			5		8	2		
		5				9	3	
							7	
	7					3		
								8

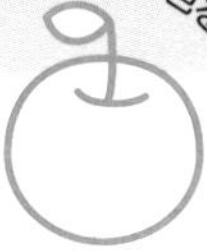

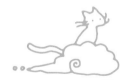

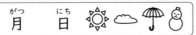

月　　日

解けたら、色をぬろう

14

								2
	5					8	4	
					7		3	
					8			4
		6						
		9	1					
		5		9	3	2	7	
		6		1				

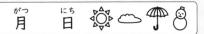

月　日

解けたら、色をぬろう

15

					1			
1	7				9	2	9	
3						8		
			8					
				7		5		
				4	6			
	4	5					6	
	3	2						

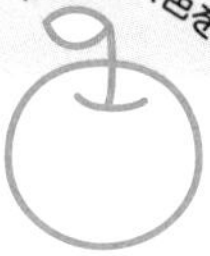

月（がつ）　日（にち）

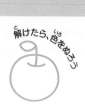

解（と）けたら、色（いろ）をぬろう

16

								1
	6			2				
		5					4	
				8	7			
1								
5				9	8			2
3	6							
	7				3		9	
					4			

5 7 8 9 4 6 3 1 2

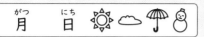

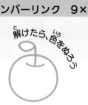

月　日

解けたら、色をぬろう

17

	1							2
	2							4
						9	3	
	3							
	1		8			7		
	5							
	7	9					8	
					4		6	
5	6							

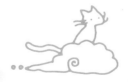

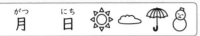

月　　日

解けたら、色をぬろう

18

			5					
	8						1	
			6					
	7							
							6	
							5	
1	2		3			8	4	
4	3		2				7	

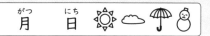

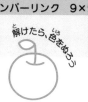

月　日

解けたら、色をぬろう

19

								7
	8		1	3			6	1
3			4	7				
								2
				5				
		5		4				
						6		
	2							
			8					

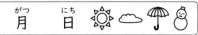

月(がつ)　日(にち)

解(と)けたら、色(いろ)をぬろう

20

	1	2				7	6	5
		5			8			
		4	6		7			
							8	
				1				
2							3	
3		4						

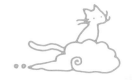

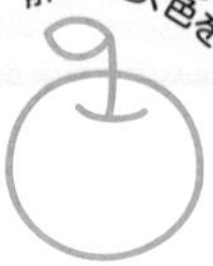

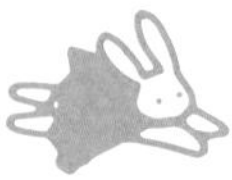

四角に切れ
SHIKAKU

マスを四角く切り取るパズルです。
四角い部屋をたくさん作ろう。

四角に切れの解きかた

「四角に切れ」は、
数字の大きさの四角にマスをわけていくパズルです。

問題　　　　　　　　　　　　　**こたえ**

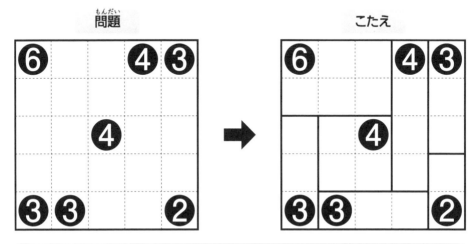

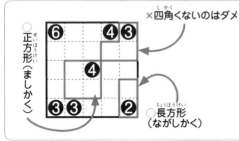

線を引いていいのは点線の上だけ。
「四角」は、
長方形（ながしかく）か
正方形（ましかく）のどちらか。

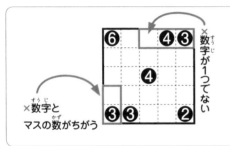

１つの四角の中に、数字が１つずつ
入るようにしよう。
数字は、四角の中にあるマスの数を
あらわしているよ。

数字がたくさんあるところや、大きい数字から考えよう。

104

月　日

解けたら、色をぬろう

1

		4		2
				2
3	2		2	3
3				
2		2		

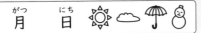

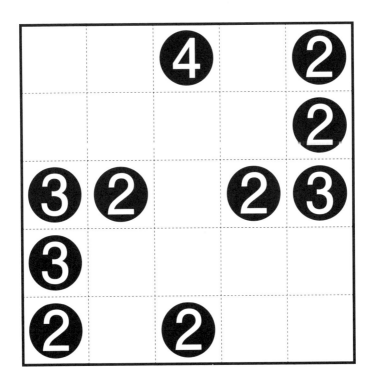

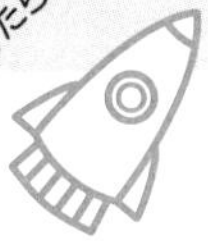

月　日

解けたら、色をぬろう

2

	2			3
			4	4
2	4			
3			3	

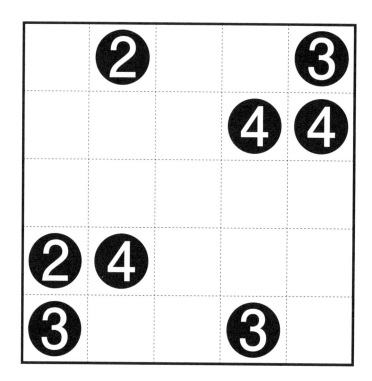

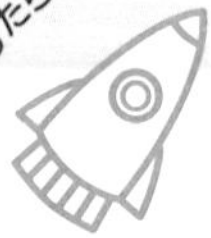

月　日

3

			6	2
	2		2	
5	8			

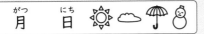

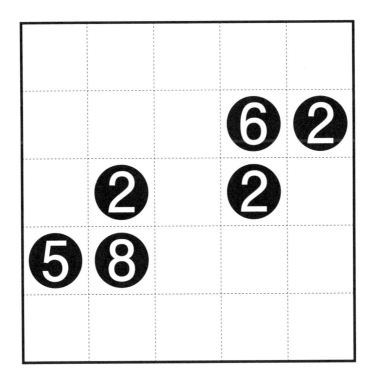

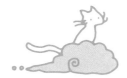

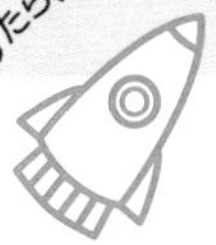

月　　日

4

				4
3	4		4	4
6				

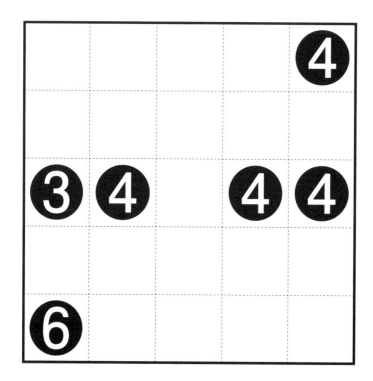

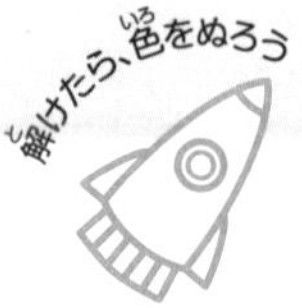

月　日

解けたら、色をぬろう

5

			2	
3		6		8
	6			

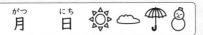

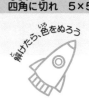

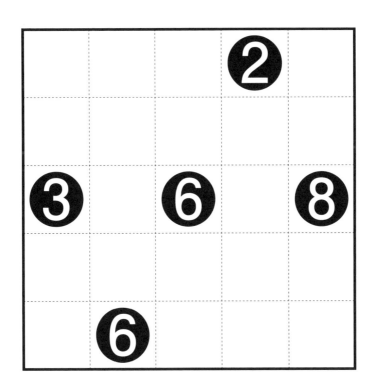

6

The puzzle grid (6×6) with the following numbered circles:

- Row 1: ③ ⑥ (columns 1–2), ② ④ (columns 5–6)
- Row 2: ② ② (columns 4–5)
- Row 5: ② ④ (columns 2–3)
- Row 6: ③ ③ (columns 1–2), ③ ② (columns 5–6)

110

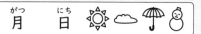

月　　日

解けたら、色をぬろう

7

4					
2			2	2	3
				2	
	4				
4	2	2			6
					3

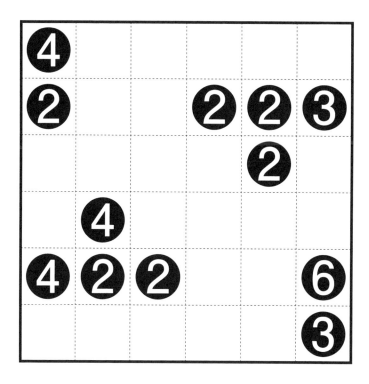

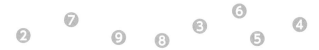

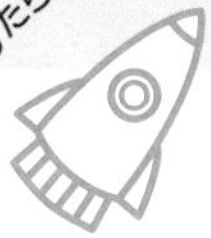

月　日

8

4		2		2	2
		6			
2					
					4
			3		
3	3		3		2

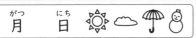

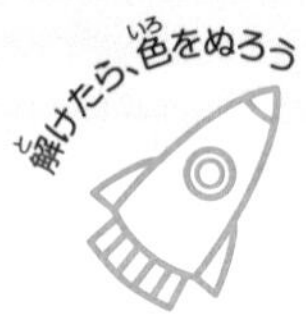

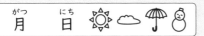

月　　日

9

		6			
		3	4		
		2			4
8			2		
		2	2		
			3		

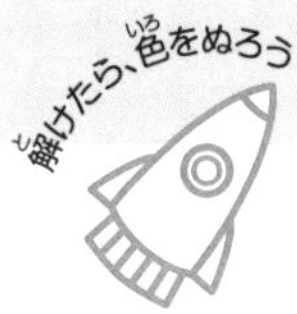

月　日

解けたら、色をぬろう

10

	6		5		
	6				6
4				2	
		3		4	

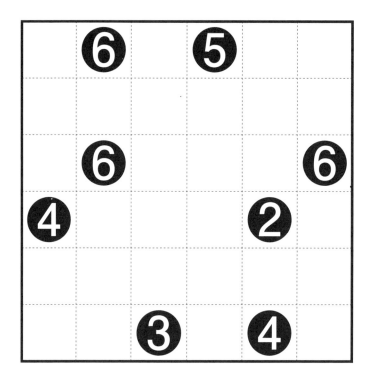

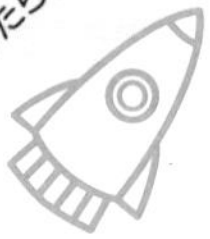

月　日

解(と)けたら、色(いろ)をぬろう

11

			4	4			3	2
			2				2	
3	3				3	2		
	3	3	3		2	2	6	
		2	2				3	4
	3				4			
5	3			5	3			

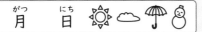

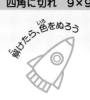

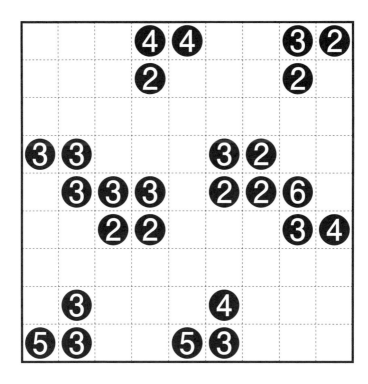

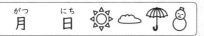

月　　日

12

			8	4				3
								2
			3	2				
2	2		5			4		
3	3						3	3
		3			4		2	4
				3	3			
3								
4				2	6			

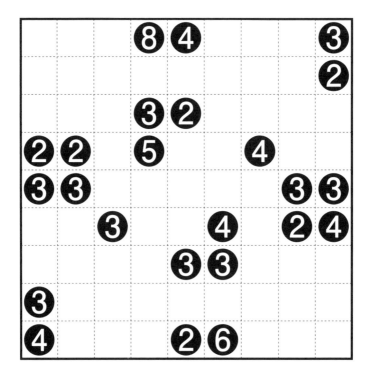

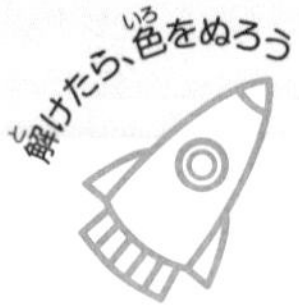

月　日

解けたら、色をぬろう

13

		3	9			3		
6		4				5		
								4
			4					2
2								2
5					3			
2								
		8				2		6
		5			3	3		

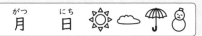

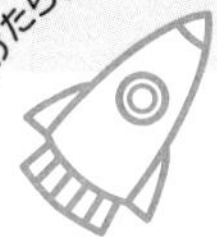

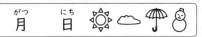

月　　日

解けたら、色をぬろう

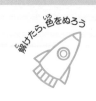

14

5								7
							3	
	3	2	4					5
	2	5	6					
					5	5	2	
4					6	2	4	
	2							
4								5

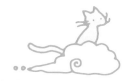

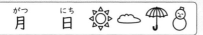

月　　日

解けたら、色をぬろう

15

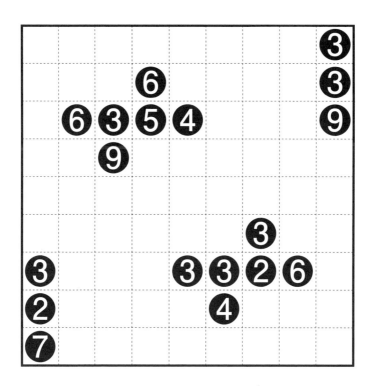

								3
			6					3
	6	3	5	4				9
		9						
						3		
3				3	3	2	6	
2					4			
7								

月　　日

解けたら、色をぬろう

16

6		6			2	3		
						5	6	
		4						
6	4							
				6				
							3	3
						3		
	3	3						
		2	6			8		2

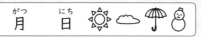

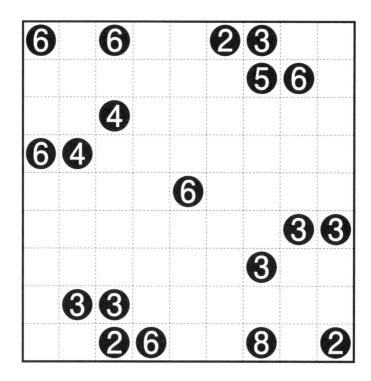

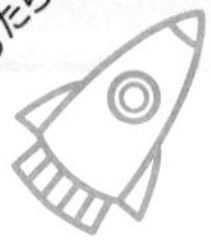

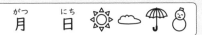

月　日

17

7	4							6
					3			9
	5							
	8				2			
			3				8	
							4	
3			2					
4							8	5

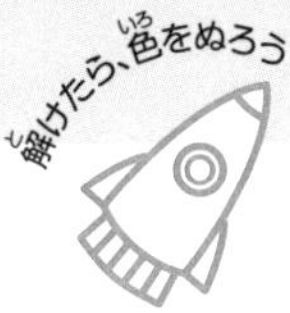

月　日

18

4		8				2		
		3		3		2	8	
2	2			6				
2								2
				3			3	3
	4	2		9		3		
		6				2		2

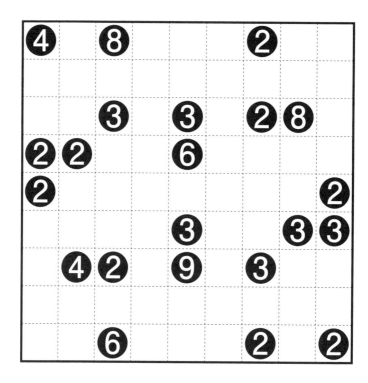

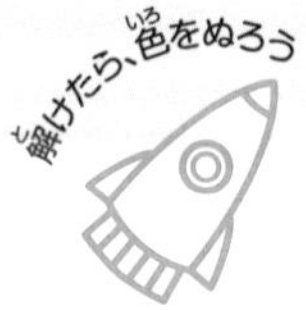

月　日

19

		5	6		4			
	6				3			
						3	4	
4			2				2	
			2		2			
	5				3			6
	6	2						
			4				3	
			3		3	3		

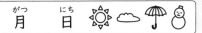

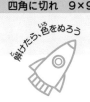

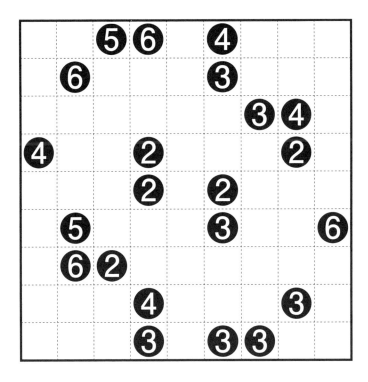

月　日

解けたら、色をぬろう

20

		3						4
		6						7
					3	4		
	8	2			3			
	3						5	
			3			2	2	
		3	9					
6						2		
3						3		

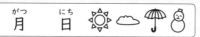

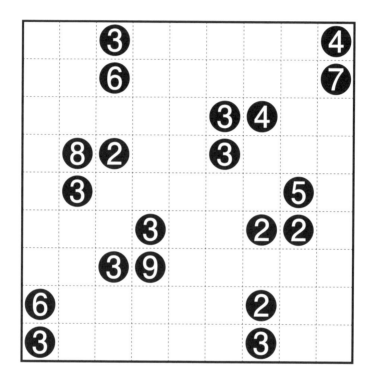

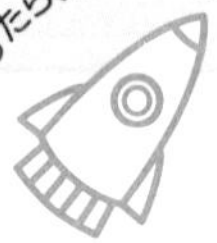

こたえ
SOLUTIONS

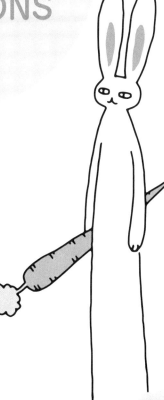

● 数独のこたえ ●

すうどく

1

4	1	2	3
3	2	1	4
1	4	3	2
2	3	4	1

2

1	2	3	4
3	4	2	1
4	3	1	2
2	1	4	3

3

4	2	1	3
1	3	4	2
2	1	3	4
3	4	2	1

4

3	2	4	1
4	1	3	2
1	4	2	3
2	3	1	4

5

2	1	3	4
4	3	1	2
3	2	4	1
1	4	2	3

6

1	3	2	4
2	4	3	1
4	2	1	3
3	1	4	2

7

3	1	4	2
2	4	3	1
1	3	2	4
4	2	1	3

8

4	3	1	2
1	2	3	4
2	1	4	3
3	4	2	1

9

3	1	2	4
4	2	1	3
2	4	3	1
1	3	4	2

10

4	1	2	3
2	3	4	1
1	2	3	4
3	4	1	2

11

2	1	4	3
3	4	1	2
1	3	2	4
4	2	3	1

12

1	4	3	2
2	3	4	1
3	1	2	4
4	2	1	3

13

4	2	1	3
3	1	4	2
1	3	2	4
2	4	3	1

14

4	2	3	1
1	3	4	2
2	4	1	3
3	1	2	4

数独のこたえ

15

4	3	1	2
2	1	3	4
1	2	4	3
3	4	2	1

16

1	2	4	3
3	4	1	2
2	1	3	4
4	3	2	1

17

1	2	3	4
4	3	2	1
2	4	1	3
3	1	4	2

18

1	3	4	2
2	4	1	3
3	1	2	4
4	2	3	1

19

3	1	4	2
4	2	3	1
1	4	2	3
2	3	1	4

20

3	1	4	2
4	2	3	1
1	3	2	4
2	4	1	3

21

3	1	2	4
4	2	3	1
2	4	1	3
1	3	4	2

22

1	2	3	4	9	8	7	6	5
4	5	6	1	3	7	9	2	8
7	8	9	6	2	5	1	3	4
3	4	1	5	6	9	8	7	2
6	7	2	8	1	4	3	5	9
5	9	8	3	7	2	4	1	6
8	6	7	2	4	3	5	9	1
9	1	4	7	5	6	2	8	3
2	3	5	9	8	1	6	4	7

128

23

4	6	2	5	9	1	3	7	8
8	9	7	4	6	3	2	1	5
5	3	1	8	7	2	4	6	9
6	4	3	9	2	7	8	5	1
9	2	5	3	1	8	7	4	6
1	7	8	6	5	4	9	3	2
7	8	6	1	3	9	5	2	4
3	1	4	2	8	5	6	9	7
2	5	9	7	4	6	1	8	3

24

1	5	2	8	6	7	9	3	4
4	6	3	2	1	9	7	8	5
8	7	9	5	4	3	1	2	6
9	2	4	7	5	6	3	1	8
3	1	5	4	2	8	6	9	7
6	8	7	3	9	1	5	4	2
7	9	8	6	3	4	2	5	1
5	3	6	1	8	2	4	7	9
2	4	1	9	7	5	8	6	3

25

4	5	8	2	7	9	1	6	3
1	2	3	4	5	6	7	8	9
6	7	9	8	3	1	2	4	5
3	4	6	7	1	5	9	2	8
9	8	5	3	2	4	6	1	7
7	1	2	6	9	8	3	5	4
8	9	7	1	4	2	5	3	6
2	3	4	5	6	7	8	9	1
5	6	1	9	8	3	4	7	2

26

3	6	1	5	9	8	4	7	2
5	7	8	4	2	1	3	6	9
9	2	4	6	3	7	5	1	8
1	5	7	2	4	3	8	9	6
8	3	6	1	5	9	7	2	4
2	4	9	7	8	6	1	3	5
6	8	2	3	7	4	9	5	1
4	1	3	9	6	5	2	8	7
7	9	5	8	1	2	6	4	3

27

3	9	1	2	5	8	4	7	6
4	6	5	1	3	7	9	8	2
7	8	2	9	4	6	5	1	3
2	4	9	3	7	1	6	5	8
5	3	7	8	6	2	1	4	9
8	1	6	4	9	5	3	2	7
1	7	4	6	2	9	8	3	5
6	2	3	5	8	4	7	9	1
9	5	8	7	1	3	2	6	4

28

4	1	8	2	5	7	9	6	3
5	2	3	6	1	9	8	4	7
9	6	7	8	4	3	2	1	5
6	7	9	4	2	8	5	3	1
1	8	4	3	6	5	7	2	9
2	3	5	9	7	1	4	8	6
7	5	6	1	8	4	3	9	2
8	9	1	7	3	2	6	5	4
3	4	2	5	9	6	1	7	8

29

1	7	4	2	8	5	6	9	3
3	5	2	6	1	9	4	7	8
8	6	9	3	7	4	5	1	2
2	9	8	4	5	3	7	6	1
4	1	6	7	2	8	9	3	5
7	3	5	9	6	1	8	2	4
9	4	1	5	3	6	2	8	7
5	2	3	8	9	7	1	4	6
6	8	7	1	4	2	3	5	9

30

9	4	5	1	6	8	2	3	7
3	8	7	9	2	4	1	5	6
6	1	2	7	5	3	4	8	9
4	7	9	8	3	1	6	2	5
5	3	8	2	7	6	9	4	1
1	2	6	5	4	9	3	7	8
8	6	4	3	9	5	7	1	2
7	9	1	4	8	2	5	6	3
2	5	3	6	1	7	8	9	4

31

7	4	5	1	3	2	9	6	8
2	1	9	8	7	6	5	4	3
6	3	8	5	4	9	2	7	1
1	2	3	6	8	4	7	9	5
4	5	6	7	9	3	1	8	2
8	9	7	2	1	5	4	3	6
5	8	2	4	6	7	3	1	9
9	6	4	3	5	1	8	2	7
3	7	1	9	2	8	6	5	4

32

1	5	7	8	4	2	6	3	9
2	4	9	1	3	6	5	7	8
6	3	8	5	7	9	2	4	1
7	6	4	2	9	1	3	8	5
9	2	5	3	8	7	1	6	4
8	1	3	4	6	5	9	2	7
5	9	6	7	2	8	4	1	3
4	8	2	9	1	3	7	5	6
3	7	1	6	5	4	8	9	2

33

1	7	8	5	6	9	2	4	3
2	5	6	1	3	4	8	9	7
4	9	3	7	8	2	6	1	5
5	6	2	3	4	7	1	8	9
8	3	9	6	5	1	7	2	4
7	1	4	2	9	8	5	3	6
6	8	5	9	2	3	4	7	1
9	2	1	4	7	5	3	6	8
3	4	7	8	1	6	9	5	2

34

1	7	3	4	2	6	9	5	8
6	9	4	1	8	5	7	3	2
5	8	2	3	9	7	1	6	4
8	3	1	9	6	2	4	7	5
7	2	6	5	4	1	3	8	9
9	4	5	8	7	3	6	2	1
3	5	8	6	1	4	2	9	7
4	6	7	2	5	9	8	1	3
2	1	9	7	3	8	5	4	6

35

4	9	7	2	3	1	5	6	8
6	2	8	5	7	9	4	3	1
1	3	5	8	4	6	9	7	2
7	1	4	6	8	5	2	9	3
3	5	2	4	9	7	8	1	6
8	6	9	1	2	3	7	4	5
5	7	3	9	6	8	1	2	4
9	4	1	3	5	2	6	8	7
2	8	6	7	1	4	3	5	9

36

5	9	8	4	2	3	6	7	1
1	4	2	5	7	6	9	3	8
6	7	3	8	9	1	4	5	2
2	1	4	6	5	7	3	8	9
9	3	7	2	4	8	1	6	5
8	5	6	3	1	9	7	2	4
4	6	9	7	8	5	2	1	3
3	2	5	1	6	4	8	9	7
7	8	1	9	3	2	5	4	6

37

2	3	4	9	7	5	6	8	1
7	8	9	2	1	6	3	5	4
1	6	5	8	3	4	2	7	9
9	2	1	5	4	8	7	3	6
6	4	7	1	2	3	5	9	8
8	5	3	6	9	7	1	4	2
3	7	8	4	6	1	9	2	5
4	9	6	3	5	2	8	1	7
5	1	2	7	8	9	4	6	3

38

2	1	9	3	4	7	5	6	8
4	7	5	9	6	8	3	1	2
3	8	6	2	1	5	7	4	9
1	2	3	7	8	6	4	9	5
8	9	4	5	3	1	2	7	6
6	5	7	4	9	2	8	3	1
5	6	8	1	7	4	9	2	3
9	4	2	6	5	3	1	8	7
7	3	1	8	2	9	6	5	4

39

8	9	4	5	3	2	7	6	1
3	2	1	4	6	7	5	8	9
7	5	6	8	1	9	3	2	4
5	7	9	6	2	3	1	4	8
4	8	3	9	5	1	2	7	6
1	6	2	7	8	4	9	3	5
6	1	7	3	9	8	4	5	2
9	3	8	2	4	5	6	1	7
2	4	5	1	7	6	8	9	3

40

1	2	3	7	4	6	5	9	8
7	8	9	5	1	3	4	2	6
6	5	4	8	2	9	7	3	1
3	7	6	1	9	4	8	5	2
8	1	2	6	7	5	9	4	3
4	9	5	2	3	8	1	6	7
2	3	1	4	5	7	6	8	9
9	4	8	3	6	1	2	7	5
5	6	7	9	8	2	3	1	4

41

1	2	3	9	7	6	8	5	4
4	8	6	1	3	5	9	2	7
7	5	9	4	2	8	1	3	6
8	1	5	2	6	9	7	4	3
9	6	7	8	4	3	5	1	2
2	3	4	5	1	7	6	9	8
5	4	2	7	8	1	3	6	9
3	7	1	6	9	4	2	8	5
6	9	8	3	5	2	4	7	1

42

5	8	7	3	1	2	4	6	9
4	1	2	8	6	9	5	7	3
9	6	3	4	7	5	8	1	2
6	5	4	7	2	8	3	9	1
2	3	8	9	4	1	6	5	7
1	7	9	6	5	3	2	8	4
7	2	5	1	3	6	9	4	8
3	9	1	5	8	4	7	2	6
8	4	6	2	9	7	1	3	5

43

8	7	2	1	6	5	9	4	3
3	6	1	9	8	4	5	7	2
9	5	4	2	3	7	1	6	8
5	3	8	7	2	6	4	9	1
4	9	7	5	1	8	3	2	6
2	1	6	4	9	3	7	8	5
6	8	9	3	4	1	2	5	7
1	4	5	8	7	2	6	3	9
7	2	3	6	5	9	8	1	4

44

5	3	1	4	2	6	9	8	7
8	2	4	5	7	9	3	1	6
6	9	7	1	8	3	4	5	2
7	4	6	3	9	1	5	2	8
9	1	2	6	5	8	7	4	3
3	5	8	7	4	2	1	6	9
4	6	3	8	1	7	2	9	5
1	8	9	2	3	5	6	7	4
2	7	5	9	6	4	8	3	1

45

8	6	3	5	7	9	1	4	2
5	1	9	3	2	4	7	8	6
7	4	2	1	8	6	3	5	9
1	9	8	4	5	2	6	7	3
6	3	5	7	1	8	2	9	4
2	7	4	9	6	3	8	1	5
4	2	1	6	9	7	5	3	8
3	5	6	8	4	1	9	2	7
9	8	7	2	3	5	4	6	1

46

2	7	8	1	3	4	6	9	5
3	9	4	2	5	6	8	7	1
1	6	5	7	9	8	3	2	4
6	5	3	9	4	1	7	8	2
9	8	1	6	7	2	5	4	3
4	2	7	5	8	3	9	1	6
8	1	2	3	6	9	4	5	7
7	3	9	4	2	5	1	6	8
5	4	6	8	1	7	2	3	9

47

2	7	8	1	9	5	3	6	4
9	1	5	3	4	6	7	8	2
6	3	4	8	2	7	5	9	1
7	4	6	9	1	8	2	5	3
3	8	2	7	5	4	6	1	9
5	9	1	6	3	2	4	7	8
4	2	9	5	6	1	8	3	7
1	5	7	4	8	3	9	2	6
8	6	3	2	7	9	1	4	5

48

4	9	6	2	5	7	8	3	1
7	8	1	6	9	3	4	5	2
3	2	5	4	8	1	7	6	9
8	1	4	5	3	6	2	9	7
5	6	2	1	7	9	3	8	4
9	3	7	8	4	2	5	1	6
2	7	9	3	1	8	6	4	5
6	4	8	9	2	5	1	7	3
1	5	3	7	6	4	9	2	8

49

5	9	7	2	3	4	1	8	6
1	2	8	6	9	5	3	7	4
4	3	6	7	1	8	5	9	2
8	4	3	9	7	2	6	1	5
7	1	5	4	6	3	9	2	8
2	6	9	8	5	1	4	3	7
9	5	4	1	2	7	8	6	3
3	7	1	5	8	6	2	4	9
6	8	2	3	4	9	7	5	1

50

3	1	7	6	4	8	9	2	5
8	2	5	7	3	9	6	1	4
4	6	9	1	2	5	3	8	7
2	9	3	4	8	1	5	7	6
1	7	8	9	5	6	4	3	2
5	4	6	3	7	2	8	9	1
9	3	1	2	6	4	7	5	8
7	5	4	8	1	3	2	6	9
6	8	2	5	9	7	1	4	3

51

5	7	6	9	2	3	4	8	1
2	1	3	6	8	4	9	7	5
9	8	4	1	7	5	2	6	3
7	6	9	2	1	8	5	3	4
3	5	8	4	9	7	6	1	2
1	4	2	5	3	6	8	9	7
8	9	1	3	4	2	7	5	6
6	2	7	8	5	1	3	4	9
4	3	5	7	6	9	1	2	8

52

1	5	4	2	6	7	9	3	8
3	8	7	9	5	4	1	2	6
6	9	2	8	1	3	4	5	7
7	4	5	3	8	1	6	9	2
9	1	3	6	4	2	8	7	5
8	2	6	7	9	5	3	1	4
4	7	8	1	2	9	5	6	3
5	3	1	4	7	6	2	8	9
2	6	9	5	3	8	7	4	1

53

1	8	2	4	5	6	7	3	9
4	6	9	3	7	8	2	5	1
5	3	7	1	9	2	4	6	8
9	4	5	7	1	3	8	2	6
8	2	3	9	6	4	1	7	5
7	1	6	2	8	5	9	4	3
6	9	1	5	4	7	3	8	2
2	5	4	8	3	9	6	1	7
3	7	8	6	2	1	5	9	4

54

4	3	7	8	1	2	6	5	9
6	2	5	3	4	9	8	1	7
8	9	1	6	7	5	4	2	3
9	8	6	7	2	3	1	4	5
1	7	3	4	5	6	2	9	8
5	4	2	1	9	8	3	7	6
3	5	4	2	6	7	9	8	1
7	1	8	9	3	4	5	6	2
2	6	9	5	8	1	7	3	4

55

5	9	4	7	1	6	8	3	2
8	7	1	4	2	3	9	5	6
2	6	3	9	8	5	1	4	7
7	8	6	3	5	2	4	1	9
4	3	2	6	9	1	5	7	8
1	5	9	8	4	7	2	6	3
6	2	5	1	3	9	7	8	4
9	4	7	5	6	8	3	2	1
3	1	8	2	7	4	6	9	5

56

7	1	2	4	9	3	8	5	6
8	5	9	1	6	7	3	4	2
6	3	4	8	5	2	7	9	1
2	9	8	6	7	5	1	3	4
5	6	7	3	1	4	2	8	9
1	4	3	9	2	8	5	6	7
9	8	1	2	3	6	4	7	5
4	7	6	5	8	1	9	2	3
3	2	5	7	4	9	6	1	8

57

5	6	4	2	3	8	9	7	1
9	7	2	6	1	5	8	4	3
1	3	8	7	9	4	2	5	6
3	4	7	1	2	6	5	8	9
2	9	1	5	8	7	3	6	4
8	5	6	3	4	9	1	2	7
4	8	5	9	6	1	7	3	2
7	1	3	4	5	2	6	9	8
6	2	9	8	7	3	4	1	5

58

7	3	9	6	2	5	4	8	1
1	8	6	3	4	9	2	5	7
4	2	5	7	8	1	3	9	6
2	5	1	4	9	6	8	7	3
8	7	3	5	1	2	9	6	4
6	9	4	8	3	7	1	2	5
3	6	2	9	5	4	7	1	8
5	1	8	2	7	3	6	4	9
9	4	7	1	6	8	5	3	2

59

8	6	7	9	2	5	4	1	3
1	4	5	8	7	3	2	9	6
9	2	3	4	6	1	7	5	8
7	9	4	3	5	6	1	8	2
5	1	6	7	8	2	9	3	4
2	3	8	1	9	4	6	7	5
4	5	9	6	1	8	3	2	7
3	7	2	5	4	9	8	6	1
6	8	1	2	3	7	5	4	9

60

7	8	1	2	5	6	4	9	3
2	6	4	9	1	3	5	7	8
3	5	9	8	4	7	2	1	6
1	2	3	7	9	4	8	6	5
8	9	6	3	2	5	1	4	7
5	4	7	6	8	1	3	2	9
6	3	2	1	7	8	9	5	4
4	1	8	5	6	9	7	3	2
9	7	5	4	3	2	6	8	1

61

8	3	1	7	2	9	4	5	6
2	4	5	8	3	6	1	7	9
7	6	9	4	5	1	8	2	3
1	2	3	6	8	7	5	9	4
5	8	4	3	9	2	6	1	7
6	9	7	1	4	5	2	3	8
4	7	8	2	1	3	9	6	5
3	5	2	9	6	4	7	8	1
9	1	6	5	7	8	3	4	2

62

9	8	7	6	3	5	4	1	2
4	3	2	7	1	9	6	8	5
5	6	1	8	4	2	9	3	7
1	9	6	5	2	3	7	4	8
2	4	8	1	9	7	5	6	3
7	5	3	4	6	8	1	2	9
8	1	5	2	7	4	3	9	6
3	2	4	9	5	6	8	7	1
6	7	9	3	8	1	2	5	4

63

1	7	2	5	8	3	6	4	9
5	9	3	2	4	6	1	7	8
6	4	8	9	1	7	2	5	3
7	8	6	3	5	1	9	2	4
3	1	4	8	9	2	7	6	5
2	5	9	6	7	4	3	8	1
4	2	5	1	6	9	8	3	7
8	6	1	7	3	5	4	9	2
9	3	7	4	2	8	5	1	6

64

9	5	2	8	4	7	3	1	6
8	3	7	1	5	6	2	4	9
1	4	6	3	9	2	8	7	5
6	7	8	2	3	9	1	5	4
5	1	9	4	6	8	7	2	3
3	2	4	7	1	5	9	6	8
2	8	5	6	7	3	4	9	1
7	6	1	9	8	4	5	3	2
4	9	3	5	2	1	6	8	7

65

1	2	8	7	4	5	3	9	6
6	7	5	9	3	1	4	8	2
3	9	4	8	2	6	7	5	1
2	5	7	1	6	8	9	3	4
4	1	6	3	9	7	5	2	8
8	3	9	2	5	4	6	1	7
9	8	1	4	7	3	2	6	5
5	4	2	6	1	9	8	7	3
7	6	3	5	8	2	1	4	9

66

9	7	5	3	6	2	8	4	1
1	6	3	8	4	9	5	7	2
4	8	2	5	1	7	9	3	6
6	4	9	1	7	3	2	5	8
3	2	1	4	8	5	7	6	9
7	5	8	9	2	6	4	1	3
2	9	6	7	5	1	3	8	4
8	1	7	2	3	4	6	9	5
5	3	4	6	9	8	1	2	7

67

4	9	6	3	5	1	2	8	7
3	1	2	8	6	7	5	4	9
5	7	8	9	4	2	1	3	6
6	2	4	5	1	9	3	7	8
1	3	7	6	2	8	9	5	4
8	5	9	4	7	3	6	1	2
2	6	1	7	8	5	4	9	3
7	4	3	1	9	6	8	2	5
9	8	5	2	3	4	7	6	1

68

4	7	5	3	1	6	8	2	9
9	3	8	2	5	4	1	6	7
6	2	1	7	9	8	3	5	4
8	6	3	9	4	2	5	7	1
5	1	9	6	3	7	4	8	2
2	4	7	1	8	5	9	3	6
7	9	4	5	6	3	2	1	8
3	8	2	4	7	1	6	9	5
1	5	6	8	2	9	7	4	3

69

6	7	8	9	3	4	2	5	1
3	9	2	1	6	5	7	8	4
1	4	5	7	8	2	9	3	6
9	5	1	3	7	8	6	4	2
2	8	7	5	4	6	1	9	3
4	6	3	2	1	9	8	7	5
5	1	9	8	2	3	4	6	7
7	3	6	4	9	1	5	2	8
8	2	4	6	5	7	3	1	9

70

5	4	7	6	9	3	8	1	2
3	2	9	1	5	8	6	7	4
1	8	6	4	7	2	3	5	9
6	5	3	7	4	1	2	9	8
7	9	8	2	3	5	1	4	6
2	1	4	8	6	9	5	3	7
4	3	5	9	8	6	7	2	1
9	6	1	3	2	7	4	8	5
8	7	2	5	1	4	9	6	3

●ナンバーリンクのこたえ●

1
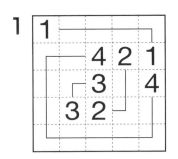

2
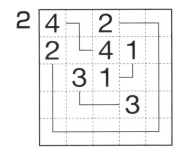

3
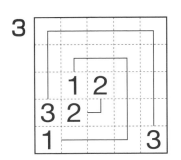

4
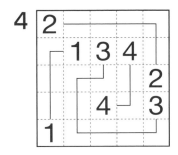

5
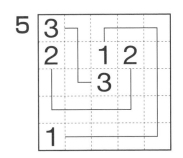

6
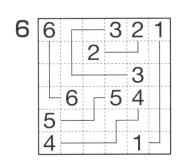

7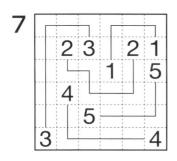

8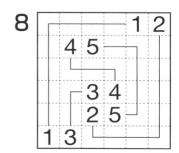

9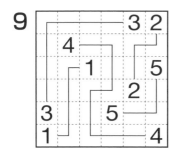

10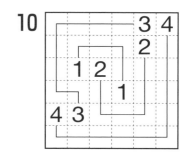

11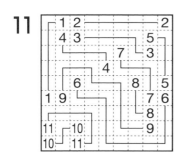

12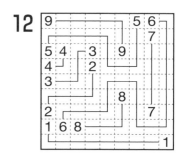

13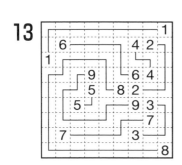

14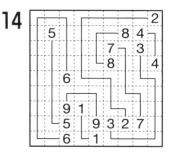

15
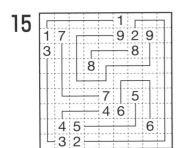

16
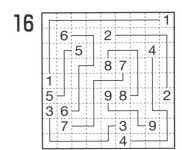

17
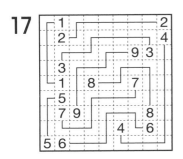

18
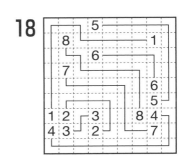

19
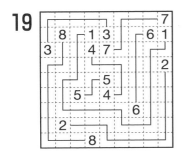

20
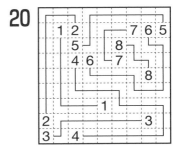

●四角に切れのこたえ●

1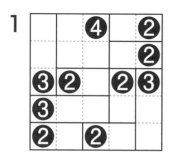

2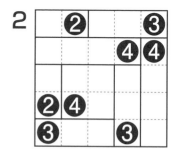

3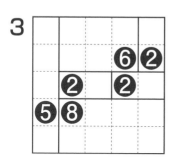

4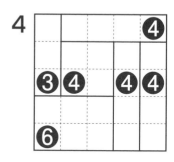

5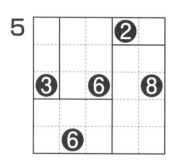

6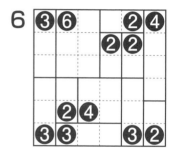

7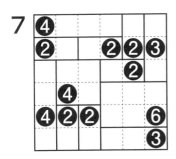

8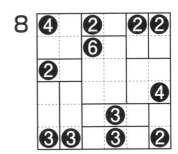

9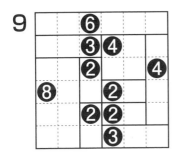

10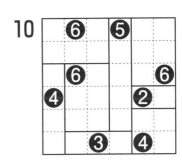

11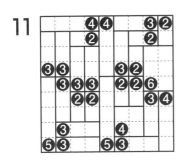

12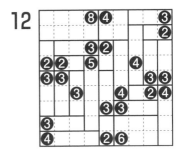

13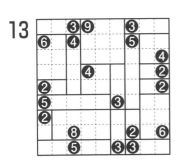

14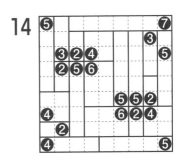

139

15

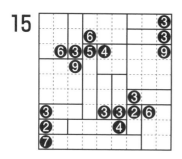

16

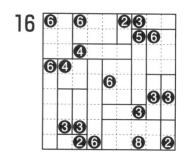

17

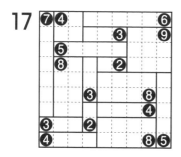

18

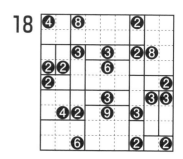

19

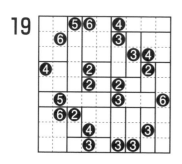

20

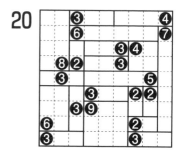

ニコリ出版物のお知らせ

ニコリはパズル専門の会社です。パズル出版物を多数発行しています。

*2020年11月現在の情報です。*本の定価は「本体＋税」となります。

数独の本

数独練習帳1 ●A5判 ●本体500円

空きマスが20個程度の初歩の問題からスタートし、全40問すべてやさしい数独ばかり。問題のすぐあとに答えが載っているので、答え合わせも簡単。

はじめての数独1、2 ●A5判 ●本体各600円

本書に続く難度の数独が解けるシリーズ。一般的なやさしいものから、やや歯ごたえのあるレベルのものまで96問を掲載。

すっきり!やさしい数独
スイスイやさしい数独 ●新書判 ●本体各550円

どちらも「はじめての数独」と同じくらいの難易度です。新書判で持ち運びしやすい本です。

気がるに数独1～7 ●新書判 ●本体各650円

1冊の中で、やさしいものから難しいものまで100問の数独が解けるポケット版シリーズです。1～7巻まで発売中。

フレッシュ数独1～10 ●新書判 ●本体各620円

「気がるに数独」と同じく、やさしいものから難しいものまで解けるポケット版シリーズです。1～10巻まで発売中。

ナンバーリンクの本

ひらめきパズル絵むすび1、2
ニコリ「ナンバーリンク」初級編

●四六判
●本体各550円

本書掲載の「ナンバーリンク」と同じルールのパズルがたくさん解ける本です（絵や数字をつなぎます）。やさしい問題から始まって1冊あたり54問のパズルを掲載。

四角に切れの本

はじめての四角に切れ
●四六判　　●本体500円

四角に切れを始めようという方のために、とてもやさしい問題ばかりを55問集めた本です。ルールや解き方も詳しく解説しています。

フレッシュ四角に切れ1　●新書判　●本体620円

1冊の中で、やさしいものから難しいものまで100問の四角に切れが解けるポケット版シリーズです。

パズル通信ニコリ　●B5変型　●本体1000円

数字のパズル、言葉のパズル、絵のパズルなど、さまざまなパズルを掲載し、さらにはパズル関連記事も充実している季刊誌。3、6、9、12月の10日発売。さまざまなルールのパズルの発信源です。

数独通信　●B5変型　●本体900円

毎号投稿数独を100問以上掲載している、数独の最前線が味わえる雑誌です。2、8月の10日発売。やさしい数独から難しい数独まで、そして数独を別角度から楽しむ読み物も掲載。

ザ・点つなぎ1、5　●A4判　●本体各648円

順番どおりに線を引くだけで絵が描ける「点つなぎ」だけを50問以上解ける単行本シリーズです。中には400以上の点をつなぐ大作もあります。お子さんだけでなく、大人の気分転換としてもどうぞ。できた絵に色をぬる楽しみ方も。(2〜4巻は品切れです)

見つけた!ニコリのまちがいさがし
●B5判　●本体800円

一見すると同じように見える2つの絵の、じつは違う部分を〇カ所探しましょうというパズルが、まちがいさがしです。この本には、まちがいが1個のものから、100個のものまで計31問のまちがいさがしを掲載しています。写真のまちがいさがしもあります。

気がるにシークワーズ1　●新書判　●本体各650円

枠の中から指定された言葉を探すのが「シークワーズ」というパズルです。この本は1冊の中で、やさしいものから難しいものまでお楽しみいただけるポケット版シリーズです。

このほかにもパズル出版物は多数ございます。
くわしくはニコリWEBページをごらんください。
https://www.nikoli.co.jp/ja/

入手方法

　ニコリ出版物は全国の書店でご購入いただけます。店頭になくても、送料無料でお取り寄せができます。また、インターネット書店でも取り扱っています。

　ニコリに直接ご注文の場合は、別途送料手数料がかかります。ニコリ通販担当(TEL：03-3527-2512)までお問い合わせいただければ、ご案内をお送りします。

Rules of Sudoku(4×4)

1. Place a number from 1 to 4 in each empty cell.
2. Each row, column, and 2x2 block bounded by bold lines (four blocks) contains all the numbers from 1 to 4.

Rules of Sudoku(9×9)

1. Place a number from 1 to 9 in each empty cell.
2. Each row, column, and 3x3 block bounded by bold lines (nine blocks) contains all the numbers from 1 to 9.

Rules of Numberlink

1. Connect pairs of the same numbers with a continuous line.
2. Lines go through the center of the cells, horizontally, vertically, or changing direction, and never twice through the same cell.
3. Lines cannot cross, branch off, or go through the cells with numbers.

Rules of Shikaku

1. Divide the grid into rectangles with the numbers in the cells.
2. Each rectangle is to contain only one number showing the number of cells in the rectangle.

初級!! 小学生の数独 4・5・6年

●2020年11月10日　初版第1刷発行
●発行人　鍜治真起
●編集人　菱谷桃太郎
●発行所　株式会社ニコリ
〒103-0007　東京都中央区日本橋浜町3-36-5-3F
TEL:03-3527-2512
https://www.nikoli.co.jp/
●表紙デザイン　Yama's　Company
●本文デザイン　川嶋瑞穂
●イラスト　みりのと
●印刷所　株式会社光邦

・禁無断転載
©2020　NIKOLI Co., Ltd.　Printed in Japan

ISBN978-4-89072-388-1 C8076

・乱丁、落丁本はお取り換えいたします。
・「数独」「ナンバーリンク」は、(株)ニコリの登録商標です。

nikoli
PUZZLE